Prisma Presse

Première édition – Juin 2007

ISBN : 978-9-941-23863-5
Imprimé en France par PPO. Dépôt légal : Avril 2011 ; D.2011/0053/408

IL ÉTAIT UNE FOIS UNE JOLIE PRINCESSE AU MINOIS CHARMANT...
MAIS LA BELLE ÉTAIT ENSORCELÉE.
UN ENCHANTEMENT TERRIBLE QU'ON NE POUVAIT BRISER QUE PAR L'AMOUR SINCÈRE D'UN TOUT PREMIER BAISER...
ELLE ÉTAIT PRISONNIÈRE DANS UN CHÂTEAU SANS ÂME GARDÉ PAR UN DRAGON CRACHEUR DE FLAMMES...
NOMBRE DE CHEVALIERS COURAGEUX AVAIENT TENTÉ DE LA LIBÉRER...
MAIS AUCUN N'Y ÉTAIT PARVENU...
SOUS L'ŒIL DU DRAGON, ELLE ATTENDAIT JOUR ET NUIT LE PRINCE CHARMANT
ET SON PREMIER BAISER D'AMOUR...
NON MAIS COMME SI ÇA EXISTAIT DES TRUCS PAREILS !

CRIIK
GLOUP
GLOUP
GLOUP
BEWARE
OGRE
SHREK
COLORED BY DJOZ & KARIM
WANTED
OGRES
REWARD

C'EST LÀ QU'IL HABITE !
À L'ATTAAAAQUE ! !
ATTENDS . . . TU IGNORES CE QUE CE MONSTRE POURRAIT TE FAIRE !
IL PARAÎT QU'IL TREMPE SES CROÛTONS DANS DE LA SOUPE D'HUMAINS . . .
EN PLUS SI ÇA SE TROUVE, C'EST PEUT ÊTRE UN GÉANT !
LES OGRES, IL N'Y A RIEN DE PLUS CRUEL . . . ILS VOUS ÉCORCHENT VIFS ET SE FONT UN COSTUME DE VOTRE PEAU !
. . . ILS VOUS ÉCRABOUILLENT LES YEUX ET EN FONT DE LA MARMELADE . . .
AAARRRHH!
. . . C'EST LÀ QUE VOUS ÊTES CENSÉS VOUS ENFUIR . . .
AAAAAHHHH!!
. . . ET N'APPROCHEZ PAS D'IÇI !

Dans la clairière, des soldats de la garde de Lord Farquaad emprisonnent des créatures enchantées...
BALAYÉS LES BALAIS VOLANTS !
SUIVANT ! QU'AMÈNES-TU ?
UNE MARIONNETTE DE BOIS.
JE NE SUIS PAS UNE MARIONNETTE, JE SUIS UN VRAI PETIT GARÇON !
ZIIIIIIIP!
J'APPORTE UN ÂNE QUI PARLE !
PARFAIT. ÇA VAUT BIEN DIX SHILLINGS... À CONDITION DE LE PROUVER !
PAS DIFFICILE, C'EST UN VRAI MOULIN À PAROLES !
TU VAS PARLER TÊTE DE MULE ?!?
...
HORS DE MA VUE !
IL PAAAARLE JE VOUS JURE !!!

BOONG !
EH ?!? J'AI DES AILES !!!
...ET UNE LANGUE !!!
SAISISSEZ-LE !
OUPS !
TAGADA TAGADA
ATTRAPEZ-LE !!!
SCHBOOOK !
KEEP OUT
TOI L'OGRE,
PAR ORDRE DU SEIGNEUR FARQUAAD...
EUH...
TOUTE CRÉATURE ENCHANTÉE
DOIT ÊTRE MISE
EN ÉTAT D'ARRESTATION...

VOYEZ-VOUS ÇA... ET T'ES COMBIEN DANS TON ARMURE ?!?
?
AAAHH!!
JE PEUX TE DIRE UN TRUC ? TU TE POINTES ET LES GARDES SE SONT CARAPATÉS COMME DES TAPETTES À MOUCHES ! LÀ, TU M'AS ÉBOURIFFÉ LA CRINIÈRE ! AU POIL !
DIS-MOI, POURQUOI T'IRAIS PAS CÉLÉBRER TA LIBERTÉ AVEC TES AMIS ?
...MAIS...J'AI PAS D'AMI !
... ET JE VAIS PAS ALLER TOUT SEUL RISQUER MA PEAU D'ÂNE ...
EH ATTENDS, J'AI UNE SUPER IDÉE : JE RESTE AVEC TOI !
RAAAAA!
PFFF QUELLE HALEINE ! WAAA ! TU M'AS TOASTÉ LE POIL DU NEZ !

POURQUOI EST-CE QUE TU ME COLLES AUX BASQUES ?!?
BECAUSE I AM TOUT SEUL !
ÉCOUTE PETIT ÂNE, REGARDE-MOI BIEN : JE SUIS QUOI ?
EUH... TRÈS GRAND !
NOON ! JE SUIS UN OOOOGRE, ÇA TE FOUT PAS UN PEU LA TROUILLE ?
NON...
JE T'AIME COMME TU ES. C'EST QUOI TON PETIT NOM ?
SHREK
BONJOUR LA ZONE ! JE ME DEMANDE QUI PEUT BIEN VIVRE DANS UN TROU PAREIL !
C'EST MON CHEZ MOI...
MOUAIS... J'IMAGINE QUE TU NE REÇOIS PAS TOUS LES JOURS.
JE PRÉSERVE MON INTIMITÉ.
STAY OUT
BEWARE
OGRE
ENCORE UN TRUC QU'ON A EN COMMUN : JE DÉTESTE QU'UN BLAIREAU ME COLLE AUX SEMELLES !

OÙ EST-CE QUE JE DORS ?
DEHOOOORS !!!
?!
QUI VOUS A PERMIS D'ENTRER CHEZ MOI ?
PAS DE VIANDE FROIDE SUR MA TABLE !
SBAAAM !
MAIS OÙ VOULEZ-VOUS QU'ON LA METTE ? 'YA QUELQU'UN SOUS LA COUETTE !!!
BEN QUOI ?!?
JE VIS DANS UN MARAIS. J'AI MIS DES PANCARTES.
QU'EST-CE QUE JE DOIS FAIRE POUR ÊTRE TRANQUILLE ?!?

!!
QUI VOUS A PERMIS DE SQUATTER MON MARAIS ?!?
EH ! NE ME REGARDE PAS COMME ÇA, J'AI INVITÉ PERSONNE !
ÇA POUR SÛR ! ON A ÉTÉ FORCÉS DE VENIR ICI !
C'EST LE SEIGNEUR FARQUAAD. IL A SOUFFLÉ UN AVIS D'EXPULSION !
JE VOIS. L'UN DE VOUS SAIT-IL OÙ CE FARQUAAD TRUC SE TROUVE ?
MOI ! MOI ! MOI ! JE SAIS OÙ IL EST !!!
MESDAMES, MESSIEURS LES TROLLS ET AUTRES MACHINS, VOUS ÊTES OFFICIELLEMENT LES PAS BIENVENUS ! C'EST POURQUOI JE VAIS TROUVER CE LORD FARQUAAD AFIN DE VOUS VIRER DE MES TERRES ! ET TOUT LE MONDE CHEZ SOI !
SHREK ET L'ÂNE, DEUX VAILLANTS JUSTICIERS ON THE ROAD ENCORE POUR UNE SAUVAGE AVENTURE, ÇA, ÇA ME PLAIT !

PENDANT CE TEMPS À DULOC...
IL SUFFIT, IL EST PRÊT À PARLER !
GLOUB GLOUB GLOUB !
VOUS ÊTES UN MOOONSTRE !
NON ! C'EST TOI ET LES AUTRES HORREURS ENCHANTÉES QUI POLLUEZ MON MONDE PARFAIT !
DIS-MOI OÙ SONT LES AUTRES ?
PLUTÔT ÊTRE MANGÉ !
NOOON ! PAS MES BOUTONS ! PAAAS MES BOUTOOOONS !!!
MY LORD, NOUS L'AVONS TROUVÉ !
QU'ATTENDEZ-VOUS MORBLEU, APPORTEZ-LE !

MIROIR, MIROIR MAGIQUE ! NE SUIS-JE PAS LE MONARQUE D'UN ROYAUME PROSPÈRE ET PUR ?
EH BIEN... TECHNIQUEMENT VOUS N'ÊTES PAS ROI !
...MAIS VOUS POUVEZ LE DEVENIR.
LA SEULE CONDITION EST D'ÉPOUSER UNE PRINCESSE !
...VOUS ALLEZ POUVOIR FAIRE VOTRE CHOIX !
CENDRILLON
BLANCHE NEIGE
PRINCESSE FIONA
EUH... NUMÉRO 3 ! PRINCESSE FIONA, ELLE EST PARFAITE !
PEUT-ÊTRE AURAIS-JE DÛ VOUS FAIRE PART D'UN PETIT DÉTAIL... CELA SE PASSE AU COUCHER DU SOLEIL ET...
JE FERAI DE FIONA MA REINE ET SUR DULOC RÉGNERA LE MONARQUE **PARFAIT** !
EH ! EH ! NOUS ALLONS ASSISTER À UN TOURNOI MÉMORABLE !
ALORS C'EST ÇA LE CHÂTEAU DU SEIGNEUR FARQUAAD ?

HI ! HI ! IL AURAIT PAS QUELQUE CHOSE À COMPENSER ?
C'EST TROP TRANQUILLE. OÙ SONT-ILS ?
EH! VOILÀ L'OFFICE DU TOURISME !
DULOC EST UN MONDE PARFAAAAIT !
...ET LE CHAMPION AURA L'HONNEUR, QUE DIS-JE LE PRIVILÈGE, DE SAUVER LA DÉLICIEUSE PRINCESSE FIONA, PRISONNIÈRE D'UN TERRIFIANT DRAGON !
QU'EST-CE QUE CELA ? OUH C'EST HIDEUX !
CHEVALIERS ! CELUI QUI POURFENDRA L'OGRE SERA DÉCLARÉ CHAMPION !
SANTÉ !!!
CRASH

WOOOSHH!!
DZOOONG !
PAAK !
MERCI DULOC ! MERCI ! BELLE FOIRE AUX BOURRE-PIFS !
DOIS-JE DONNER L'ORDRE DE TIRER SEIGNEUR FARQUAAD ?
NON, J'AI UNE BIEN MEILLEURE IDÉE !
PEUPLE DE DULOC, NOUS AVONS UN CHAMPION ! FÉLICITATIONS L'OGRE, TU AS GAGNÉ LE DROIT DE PARTIR POUR UNE NOBLE QUÊTE !
UNE QUÊTE ? MOI JE VIENS POUR UNE REQUÊTE : QU'ON ME RENDE MON MARAIS !
CELUI OÙ VOUS AVEZ STOCKÉ VOS CRÉATURES NÉCESSITEUSES !
CERTES. JE T'OFFRE UN MARCHÉ : RÉUSSIS CETTE QUÊTE POUR MOI ET JE TE RENDRAI TON MARAIS JUSQU'AU DERNIER CRAPAUD BAVEUX ET DÉBARRASSÉ DES SQUATTEURS...

LE MARCHÉ EST CONCLU.
ATTENDS QUE JE COMPRENNE BIEN : TU VAS ALLER COMBATTRE UN DRAGON ET DÉLIVRER UNE PRINCESSE POUR RÉCUPÉRER UN PAUVRE MARAIS ?!?
C'EST SÛR, ÇA FAIT UN BEAU LOFT MAIS POUR REMONTER LES COURSES, BONJOUR !
EUH...JE LE SENS QU'À MOITIÉ LE COUP DU PONT DE SINGE AU-DESSUS DE LA LAVE EN FUSION...
ALLEZ L'ÂNE, JE TE SOUTIENDRAI MORALEMENT !
NE REGARDE SURTOUT PAS EN BAS...
...C'EST QUE JE REGARDE DÈJA EN BAS...
JE VAIS MOURIR ! MOURIR ! MOURIR !
MAIS NON, T'ES PAS MOURU L'ÂNE !
COOL

UNE FOIS AU CHÂTEAU
TU AS PEUR SHREK ?
NON, MAIS CHUUUT !
...REMARQUE 'Y AURAIT RIEN DE HONTEUX À AVOIR PEUR,
LA PEUR EST UNE RÉACTION BANALE DEVANT UNE SITUATION PEU BANALE ! VOIRE DANGEREUSE QUAND IL Y A UN DRAGON CRACHEUR DE FEU ET CROQUEUR DE CHEVALIERS... T'ES PAS FORCÉMENT UN LÂCHE SI TU AS UN PEU PEUR ET MOI JE...
ÉCOUTE : BOU-CLE-LA !
ET CHERCHE DES ESCALIERS CAR LA PRINCESSE EST DANS LA PLUS HAUTE TOUR...
BON, AU MOINS ON SAIT OÙ EST LA PRINCESSE... MAIS OÙ EST LE D...
DRAAAGON !!!

VLOOOUFFF!!
BRO OO!!
BROOOO!
AAARRRHHH
VLOOOUFFF!!
BRAUM
BROOOO

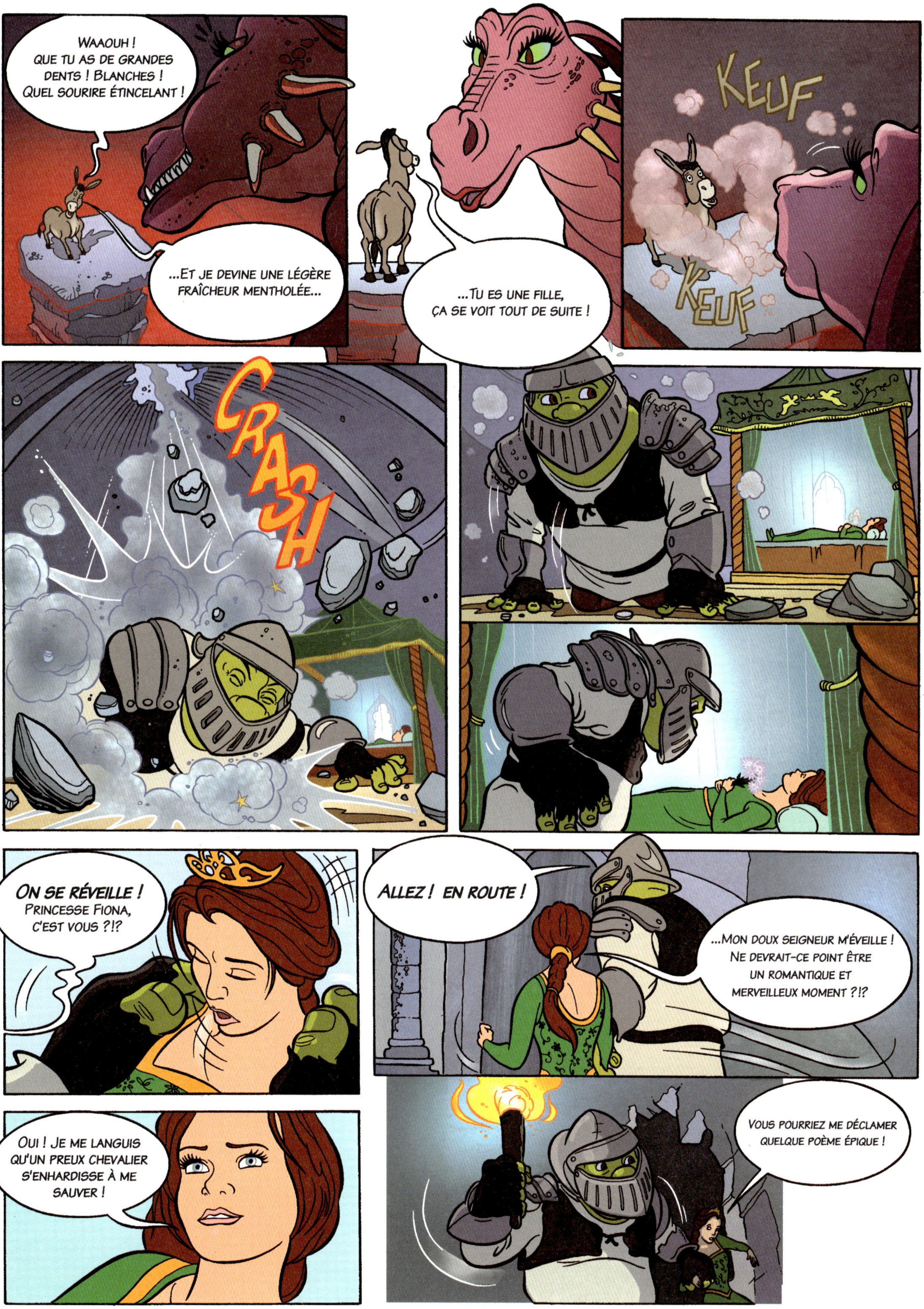
WAAOUH ! QUE TU AS DE GRANDES DENTS ! BLANCHES ! QUEL SOURIRE ÉTINCELANT !
...ET JE DEVINE UNE LÉGÈRE FRAÎCHEUR MENTHOLÉE...
...TU ES UNE FILLE, ÇA SE VOIT TOUT DE SUITE !
KEUF
KEUF
CRASH
ON SE RÉVEILLE ! PRINCESSE FIONA, C'EST VOUS ?!?
ALLEZ ! EN ROUTE !
...MON DOUX SEIGNEUR M'ÉVEILLE ! NE DEVRAIT-CE POINT ÊTRE UN ROMANTIQUE ET MERVEILLEUX MOMENT ?!?
OUI ! JE ME LANGUIS QU'UN PREUX CHEVALIER S'ENHARDISSE À ME SAUVER !
VOUS POURRIEZ ME DÉCLAMER QUELQUE POÈME ÉPIQUE !

PUIS-JE AU MOINS CONNAÎTRE LE NOM DE MON CHAMPION ?
SHREK
ACCEPTEZ CECI EN GAGE DE MA GRATITUDE...
?
MAIS QUEL GENRE DE CHEVALIER ÊTES-VOUS DONC ?
LE GENRE PRUDENT
IL EST PRÉFÉRABLE DE PRENDRE SON TEMPS POUR CONNAÎTRE QUELQU'UN...
MAIS JE COMPRENDS QUE TU BRÛLES D'IMPATIENCE !
VLOOUFFF !!
IL FAUT D'ABORD DEVENIR AMIS, S'ENVOYER DES EMAILS...
?!
POFF!

BROOOO!!
VLOUOUOUFF!!
SALUT PRINCESSE !
IL PARLE ?!?
LE TRUC, C'EST DE RÉUSSIR À LE FAIRE TAIRE !
BROOO
!!
VOILÀ POUR LE DRAGON !
COURREEEEZ !!!
STOONG

QUELQUES PÉRIPÉTIES PLUS TARD
VOUS AVEZ RÉUSSI ! VOTRE EXPLOIT EST SANS MESURE ET VOTRE CŒUR EST PUR...
SBAAFF !
JE SUIS À VOUS POUR L'ÉTERNITÉ.
ET QUE SERAIT UN PREUX CHEVALIER SANS SON NOBLE DESTRIER ?
T'AS ENTENDU ? J'AI L'AIR D'UN NOBLE DESTRIER ! ELLE A L'ŒIL !
VOUS POUVEZ ÔTER VOTRE HEAUME, PREUX CHEVALIER !
NON ! NON !
POURQUOI ?!?
MON BRUSHING EST TOUT APLATI.
J'EUSSE TANT VOULU VOIR LE VISAGE DE MON SEIGNEUR...
EUH NAN, VOUS EUSSES PAS !
MAIS COMMENT ALLEZ-VOUS M'EMBRASSER ?
QUOI ? C'ÉTAIT PAS SUR LE BON DE COMMANDE !
RECLUSE DANS UNE TOUR GARDÉE PAR UN DRAGON, UNE PRINCESSE EST SECOURUE PAR UN PREUX CHEVALIER QUI LUI DONNE UN TENDRE BAISER...
OUPS ! VOUS CROYEZ QUE SHREK EST ... L'ÉLU DE VOTRE CŒUR ?
IARK IARK ! IARK ! HI ! HI !

ON VA DIRE QUE JE NE SUIS PAS DU TOUT VOTRE GENRE !
SI ! VOUS ÊTES MON SAUVEUR !
ÔTEZ-MOI VITE CE HEAUME ! C'EST UN ORDRE !
D'ACCORD VOTRE ALTESSE !
VOUS...VOUS ÊTES UN OGRE ?!?
PRINCESSE FIONA, J'AI ÉTÉ ENVOYÉ PAR LORD FARQUAAD POUR VOUS SAUVER. C'EST LUI QUI VEUT VOUS ÉPOUSER
JE DOIS ÊTRE DÉLIVRÉE PAR MON VRAI AMOUR, PAS PAR UN OGRE... ET SA BOURRIQUE !
EH BEN, IL A PAS FAIT LONG FEU LE NOBLE DESTRIER !
DITES À FARQUAAD QU'IL VIENNE ME CHERCHER ICI !
LÂCHEZ-MOI ! MAIS LÂCHEZ-MOI !!!

APRÈS UNE HEURE DE MARCHE.
CAMPONS ! C'EST UN ORDRE !!!
EH ! PAR ICI !
BONNE NUIT MESSIEURS !
ET LA GROSSE À DROITE, C'EST BLODENOK LE FLATULENT ... UN VRAI POÈTE ...
...ET LÀ, EN DESSOUS, C'EST UN GROUPE DE JEUNES FILLES QUI REBROUSSENT NARINE DEVANT L'ODEUR...
QU'EST-CE QU'ON FERA LORSQU'ON AURA RÉCUPÉRÉ NOTRE MARAIS ?
NOTRE MARAIS ?!?
BEN OUI ! QUAND ON AURA REFOURGUÉ LA PRINCESSE...
'YA QUE MOI ET MON MARAIS. JE VAIS BÂTIR UNE MURAILLE AUTOUR DE MES TERRES !
TU RÊVES L'ÂNE. Y'A PAS DE « NOUS » QUI TIENNE !
C'EST QUOI TON PROBLÈME ?!? POURQUOI T'ES FÂCHÉ AVEC LE MONDE ENTIER ?
LES GENS ME JUGENT SANS ME CONNAÎTRE. JE PRÉFÈRE ÊTRE SEUL.
MOI, JE NE TE TROUVE NI LAID NI STUPIDE.
OUAIS JE SAIS ...
'YAURAIT PAS UNE CONSTELLATION EN FORME D'ÂNE LÀ-HAUT ?
ON A BLABLABLA... TOUJOURS EN TRAIN DE CAUSER CELUI-LÀ !
C'EST LA GROSSE ÉTOILE QUI BRILLE LÀ-DEVANT ?
NON. ÇA C'EST LA LUNE !

PENDANT CE TEMPS À DULOC
MIROIR ! MIROIR! MONTRE-MOI ENCORE LA PRINCESSE !
APRÈS UNE HEURE DE MARCHE
TAÏAUT ! TAÏAUT ! AH ! AH ! AH !
?!
VOICI VOTRE SAUVEUR, VENU POURFENDRE L'OUTRECUIDANT MONSTRE VERT !
AH ! AH ! AH !
EH ! C'EST MA PRINCESSE ! VA T'EN CHERCHER UNE AUTRE...
EH ! OH ! COMPAGNOOONS ?!?
QUAND UN OGRE S'EMPARE D'UNE DAME : C'EST MAL ! ALORS JE DÉGAINE MON GLAIVE !
IIIIAAAAA !!!
TCHAC
BOING

IIAAAA !!!
SWACK
D'OÙ CONNAISSEZ-VOUS DES TRUCS PAREILS, PRINCESSE ?
QUE DIRE... VOUS AVEZ UNE FLÈCHE DANS LE DERRIÈRE !!!
QUE QUELQU'UN APPELLE UNE AMBULANCE !!!
TROUVE-MOI UNE FLEUR BLEUE À ÉPINES ROUGES !
NE MEURS PAS, SHREK ! SI TU VOIS UN LONG TUNNEL, SURTOUT T'APPROCHE PAS DE LA LUMIÈRE !
SI VOUS VOULIEZ ÊTRE SEULS, FALLAIT ME LE DEMANDER...
EUH C'EST QUOI ÇA ? DU SANG ?
SBAAM
LA MARCHE REPREND

DEVANT LA VILLE DE DULOC
ET VOILÀ, PRINCESSE ...
EUH... JE... JE SUIS INQUIÈTE POUR L'ÂNE ! PASSONS LA NUIT ICI !
EUH OUI, L'ÂNE... T'ES TOUT GRIS !
J'IMAGINE QUE LE FESTIN SERA TOUT AUTRE DEMAIN SOIR !
VOUS POURREZ ME RENDRE VISITE SI LE CŒUR VOUS EN DIT. JE VOUS CUISINERAI DE LA SOUPE DE CRAPAUD...
OH ! MAIS C'EST ROMANTIQUE TOUT PLEIN ! Y'A MÊME LE SOLEIL QUI SE COUCHE !
IL EST TRÈS TARD ... BONNE NUIT !!!
JE SUIS UN ANIMAL, J'AI DE L'INSTINCT. JE VOIS BIEN QU'IL Y A DU BIG BISOU ENTRE TOI ET ELLE, SHREK !
JE LA RAMÈNE JUSTE À LORD FARQUAAD. C'EST UNE PRINCESSE ... ET JE SUIS UN OGRE !
PRINCESSE... PRINCESSE FIONA ?!?
CRAAACK
OÙ... OÙ EST LA PRINCESSE ?!?
JE SUIS LA PRINCESSE !

C'EST MOI DANS CE CORPS ...
QUELLE HORREUR !!! TU AS MANGÉ LA PRINCESSE ???
CELA NE SE PRODUIT QU'AU COUCHER DU SOLEIL : "LE JOUR SOURIRA, LA NUIT PLEURERA, OGRESSE TRISTEMENT, JUSQU'AU PREMIER BAISER DE L'ÉLU DE TON CŒUR QUI TE FERA BELLE".
UNE SORCIÈRE M'A JETÉ UN SORT. CHAQUE NUIT, JE ME TRANSFORME ...
MON VRAI AMOUR DOIT ME DÉLIVRER. JE DOIS ÉPOUSER LORD FARQUAAD DEMAIN AVANT LE COUCHER DU SOLEIL... JE NE VEUX PAS RESTER UNE BÊTE AUSSI LAIDE !
QUI POURRAIT AIMER UNE BÊTE AUSSI LAIDE ? JE DOIS ÉPOUSER MON VÉRITABLE AMOUR !
PFFF ! FAUT QUE JE ME DÉGOTTE UN PSY BALÈZE !
AU MATIN
VOUS AVEZ ENTENDU HIER SOIR CE QUE JE DISAIS À L'ÂNE ? JE PENSAIS QUE VOUS COMPRENDRIEZ...
QUI POURRAIT AIMER UNE BÊTE AUSSI LAIDE ET AUSSI IMMONDE ?
PRINCESSE FIONA...
PARFAIT L'OGRE, VOICI L'ACTE DE PROPRIÉTÉ DE TON MARAIS, NETTOYÉ COMME PROMIS !
PERMETTEZ-MOI DE DIRE ADIEU...
INUTILE, C'EST UN OGRE. CE N'EST PAS COMME S'IL AVAIT DES SENTIMENTS !
PRINCESSE, JE DEMANDE VOTRE MAIN !
J'ACCEPTE. MARIONS-NOUS AVANT LE COUCHER DU SOLEIL !

SHREK, IL FAUT QUE JE TE DISE UN TRUC...
JE VIS SEUL !!! SANS UNE BOURRIQUE DE TÊTE DE MULE D'ÂNE QUI PARLE !!!
AU CHÂTEAU
ET SUR LE CHEMIN, UNE RENCONTRE IMPRESSIONNANTE...
BROOO...
LES AMIS, D'HABITUDE, ILS SE PARDONNENT. T'AS PEUR DE TES SENTIMENTS ... C'EST COMME AVEC FIONA !
ELLE A DIT QUE J'ÉTAIS UNE BÊTE IMMONDE !
C'EST PAS DE TOI QU'ELLE PARLAIT, JE TE JURE !
TU VEUX BIEN PARDONNER ?
LES AMIS C'EST FAIT POUR ÇA !
FIONA M'AIME BIEN ?
VA LUI DEMANDER TOI-MÊME !
PFFUUUIIII !!
T'ES BIEN ACCROCHÉ ? J'AI PAS EU LE TEMPS D'INSTALLER LES CEINTURES DE SÉCURITÉ !

La cérémonie est déjà commencée
Roi et reine... Je vous déclare...
Laisse pas refroidir le moteur Pupuce, si j'ai besoin de toi je te siffle !
Je m'oppose à ce mariage !!!
C'est déjà assez malpoli d'être un ogre, mais débarquer à une noce à laquelle on n'est pas convié...
Fiona, vous ne pouvez pas épouser Farquaad. Il ne vous aime pas, il ne vous épouse que pour être roi... L'élu de votre cœur, ce n'est pas lui !
Quel outrage !
...Et que connaissez-vous de l'amour, Shrek ?!?
Euh...
Ridicule! Ho ! Ho ! L'ogre est tombé amoureux de la princesse ! Ho ! Ho !
Shrek, c'est vrai ?!?

"LE JOUR SOURIRA...
LE SOIR PLEURERA..."
C'EST GROTESQUE FIONA, NOUS NE SOMMES QU'À UN BAISER DE L'AMOUR ÉTERNEL !
SHREK, J'AI VOULU VOUS LE MONTRER CE MATIN...
EH BIEN, ÇA EXPLIQUE DES TAS DE CHOSES...
BEUH... C'EST ÉCOEURANT !
EMPRISONNEZ-LES ! CE MARIAGE EST CONSACRÉ ! CE QUI FAIT DE MOI LE ROI !!!

FFiiiiUUUU!!
CHAUD DEVANT !!!
BROOOOM!!
DZiiiiNG!
AAAHH!!!
QUE PERSONNE NE BOUGE ! J'AI UN DRAGON ET JE N'AI PAS PEUR DE M'EN SERVIR !
MUMM
ALLEZ SHREK... DÉCLARE-TOI...
... HUM... FIONA ?
OUI SHREK ?

JE VOUS AIME !
JE VOUS AIME AUSSI ...
CA VA FIONA ?
MAIS ?!? JE NE COMPRENDS PAS... CE BAISER DEVAIT ME RENDRE BELLE...
MAIS VOUS ÊTES BELLE, PRINCESSE !

C'EST PARTIIIII !!!
PAF
C'EST LA FIN DE LA BD, LES BRAS M'EN TOMBENT !
... ET ILS VÉCURENT AFFREUX ET EURENT BEAUCOUP DE PETITS OGRES...
The End